가끔은 깨닫는다

가끔은 깨닫는다

신현우 시집

시인의 말

단풍잎 하나
차 지붕 위에 얹혀있다.
햇살은 부드러워졌고,
바람 냄새도 상큼하다.
유심히 둘러본 거기
풀 한 포기 나무 한 그루마다
소멸 앞에 당당히 서 있다.

생각 없이 살아가는 마음에
바람 한 줄 들어온다.
삶과 사랑이 치열했던 만큼
이별 앞의 하심이 더욱 아름답다.

그냥, 시가 좋아 시작했고,
詩 앞에 부끄럼과 불안감조차
망설임 없이 뱉어 놓았다.

따뜻한 문학의 길로 인도하면서
시심을 일으켜주신
深泉 김은수 선생님께 감사드린다.

또한
묵묵히 내조를 아끼지 않으신
사랑하는 아내 김갑생 여사와
사랑하는 아들딸 미영, 병철. 진희에게
감사의 마음을 담아 이 시집을 바친다.

2024년 돌담 가을 앞에서

목 차

변역시
한국어, 영어, 태국어, 러시아어, 불어 · 11

제1부 | 가끔은 깨닫는다

가끔은 깨닫는다 · 22

꿈길 · 23

객실의 빛 · 24

저녁 산책 · 25

빛 그리움 · 26

기도하는 곳 · 27

생각나무 · 28

밥먹고 산다 · 29

잎 마름 · 30

천년 주목 · 31

이른 노래 · 32

3030*기업 · 33

제2부 | 한밤마을 둘레길

한밤마을 둘레길 · 36

돌담 · 37

태풍자리 · 38

돌방천 호박꽃 · 39

한밤마을 맛집 · 40

오은사 안개 · 41

장마 후 풍경 · 42

오무당 너덜겅 · 43

청운대 서당굴 · 44

오도암 가는 길 · 45

소꼴 기억 · 46

옛 친구 · 47

좋은 친구 · 48

홍시 추억 · 49

한밤 친구야 · 50

사과 축제 · 51

가을 축제 · 52

명견 한밤이 · 53

나이스샷 · 54

한밤 장날 · 55

제3부 | 까막눈

까막눈 · 58

별 · 59

참깨 농사 · 60

고향집 · 61

춤추는 부지깽이 · 62

그늘 · 63

어미 새 · 64

어머니 생각 · 65

늙은 호박 · 66

그날 · 67

밤나무1 · 68

물소리 · 69

스무 살 누이 · 70

누나 · 71

제4부 | 디딤돌

● ● ●

디딤돌 · 74

아버지의 움막 · 75

아버지꽃 · 76

싸락눈 · 77

나무를 심다 · 78

버팀목 · 79

인생길 · 80

팔베개 · 81

회색 눈이 내린다 · 82

전화위복 1 · 83

붕어빵 아줌마 · 84

기도 · 85

행복 · 86

텃밭 · 87

약속 · 88

제5부 | 할미꽃 이정표

● ● ●

할미꽃 이정표 · 90

천덕꾸러기 · 91

가로수 · 92

비밀꽃 · 93

전화위복2 · 94

꿈꾸는 자동차 · 95

소리길 · 96

어부 · 97

바다친구 · 98

대고동 · 99

곤줄박이 새 · 100

도전장 · 101

영역 · 102

생존 · 103

지팡이 · 104

추목 · 105

알밤 · 116

무섬마을 · 107

대원사 계곡 오르면 · 108

정해신침 · 109

붉은 아까시나무 · 110

혼수 장롱 · 111

가난의 실 · 112

해설 | 가끔은 깨닫는다 –김은수(시인) · 113

번역시 (한국어)

봄을 낳은 새

신현우

옥상에
씨앗이 쌓인다

찌르레기 들새가
배설한 산수유 열매

새는 나무를 낳고
허공을 맴돌다 사라진다

봄의 자식은
노랗게 봄을 여는데

The bird that gave birth to spring

Hyunwoo Shin

On the rooftop,
Seeds pile up.

Starling Wild Bird,
Excreted Cornelian fruit.

A bird gives birth to a tree,
It hovers in the air and disappears.

The children of spring,
Spring begins in yellow.

번역시 (태국어)

นภาที่ให้กำเนิดฤดูใบไม้ผลิ

Hyunwoo Shin

บนชั้นดาดฟ้า
เมล็ดกองพะเนินเทินทึก

นกปาสตาร์ลิง,
ผลไม้คอร์เนเลียนที่ถูกขับออกมา

นกให้กำเนิดต้นไม้
มันลอยอยู่ในอากาศและหายไป

ลูกหลานแห่งฤดูใบไม้ผลิ
ฤดูใบไม้ผลิเริ่มเป็นสีเหลือง

번역시 (러시아어)

Птица, родившая весну

Hyunwoo Shin

На крыше,
Семена накапливаются.

Скворец Дикая птица,
Выделенные плоды кизила.

Птица рождает дерево,
Он зависает в воздухе и исчезает.

Дети весны,
Весна начинается с желтого цвета.

번역시 (불어)

L'oiseau qui a donné naissance au printemps

Hyunwoo Shin

Sur le toit,
Les graines s'entassent.

Oiseau sauvage étourneau,
Fruit cornélien excrété.

Un oiseau donne naissance à un arbre,
Il plane dans les airs et disparaît.

Les enfants du printemps,
Le printemps commence en jaune.

번역시 (한국어)

빛 그리움

신현우

달밤을 걷는다

골목길 들어서면
가로등 그림자 따라 온다

그림자 두 개
달빛 그림자 앞서고
가로등에 비친 내가 걷는다

대문까지 마중 나온
보름달을 두고
혼자서 현관 계단 오른다

창틀 달빛 은은한데
긴 그림자
내 곁에 없다

번역시 (영어)

Longing for light

Hyunwoo Shin

Walking on a moonlit night

When you enter the alley
The streetlight shadow follows

Two shadows
Moonlight shadow ahead
I walk reflected in the streetlight

We came to greet you at the front gate
With the full moon
Climb the front door steps alone

The moonlight on the window sill is soft
Long shadow
Not by my side

번역시 (태국어)

โหยหาแสงสว่าง

Hyunwoo Shin

เดินในคืนเดือนหงาย

เมื่อเข้าไปในซอย
เงาของไฟถนนตามมา

สองเงา
เงาแสงจันทร์อยู่ข้างหน้า
ฉันเดินสะท้อนแสงไฟตามถนน

เรามาทักทายที่ประตูหน้า
กับพระจันทร์เต็มดวง
ปีนบันไดประตูหน้าเพียงอย่างเดียว

แสงจันทร์ที่ขอบหน้าต่างช่างนุ่มนวล
เงายาว
ไม่ใช่อยู่เคียงข้างฉัน

번역시 (러시아어)

Тоска по свету

Hyunwoo Shin

прогулка в лунную ночь

Когда вы входите в переулок
Тень уличного фонаря следует за

Две тени
Тень лунного света впереди
Я иду, отражаясь в уличном свете

Мы пришли встретить вас у ворот
С полной луной
Поднимитесь по ступенькам входной двери в одиночку

Лунный свет на подоконнике мягкий
Длинная тень
Не рядом со мной

번역시 (불어)

Envie de lumière

Hyunwoo Shin

Marcher par une nuit au clair de lune

Quand tu entres dans la ruelle
L'ombre du lampadaire suit

Deux ombres
Ombre au clair de lune devant
Je marche reflété dans le lampadaire

Nous sommes venus vous saluer à la porte d'entrée
Avec la pleine lune
Grimper seul les marches de la porte d'entrée

Le clair de lune sur le rebord de la fenêtre est doux
Longue ombre
Pas à mes côtés

제1부

가끔은 깨닫는다

가끔은 깨닫는다

가끔은 깨닫는다

잘살고 있다고 느끼다가
어느 순간 무너진다

행복하다. 생각했는데
불안하고 괴로워진다

무너지는 한숨 소리 듣고
찾아오는 사람 하나 없다

허무할 수도, 외로울 수도
있다는 것을

가끔은 깨닫는다

꿈길

안개 속에서는
늘 혼자가 된다

젊던 길
어디에서 헤매고 있을지

숲과 나무와 돌
서로 볼 수가 없다

안개가 걷힐 때까지
꿈길을 걷는다

객실의 빛

삼매경에 빠진 지하철
책 속의 풍경

창에 기댄 시심
문자 메시지로 가득하다

정신의 밥을 먹는
객주의 눈빛이 반짝인다

저녁 산책

조용한 시골 저녁
산책하는 가을바람

초생달 비추고
별똥별 그려낸다

좋은 꿈 물어보는
저녁 산책길

가슴 펴고 걸으면
땀방울이 상쾌하다

빛 그리움

달밤을 걷는다
골목길 들어서면
가로등 그림자 따라온다

그림자 두 개
달빛 그림자 앞서고
가로등에 비친 내가 걷는다

대문까지 마중 나온
보름달을 두고
혼자서 현관 계단 오른다

창틀 달빛 은은한데
긴 그림자 내 곁에 없다

기도하는 곳

난기류 만난 비행기
구름 위를 오르내린다

겁에 질린 승객
안전 수칙 외치는 승무원

하늘이 더 가까운 곳에서
기도한다

구름 위 하늘길
평온하다

생각 나무

오늘도
햇살 좋은 창가에 앉아
커피를 마신다

생각할수록
빠르게 자라는 나무

잎이 돋고
열매가 맺는다

밥 먹고 산다

청솔모가
잣을 딴다

밑에서
나는 줍는다

너도나도
밥 먹고 산다

또 떨어지는 잣
껍데기뿐이다.

잎 마름

이십 년 함께한 소나무
잎새마다 바람이 든다

새순이 올라와
마른 잎을 밀어내고 있다

살충제를 뿌리고
막걸리를 주었지만
시름시름 죽어가고 있다

이십 년 바람피운 주인
마른 솔가지로
아궁이 불 지핀다

천 년 주목

어둠의 향기

상처 속에서
꽃이 핀다

생명의 손짓
몸부림친다

천 년
주목되고 싶다.

이른 노래

아직
노래는 부르지 마오

콩잎 푸른데
가을 노래 부르지 마오

검게 탄 얼굴에
매달린 농심

참 바람 부는데
몸부림치는 태양 따갑다

3030*기업

30년 증인이 된
낡은 기계에 고장 잦다.

부품 골목을 다 뒤져도
품절이다.

3030 명패 붙은 사진 한 장
섬유박물관에 증인으로 건다.

*3030 기업 : 30년 이상 된 법인으로 50명 이상 근무하는 기업체, 대구시 지정기업.

제2부

한밤마을 둘레길

한밤마을 둘레길

가을꽃이 손을 흔드는 날
버스도 손님도 들꽃 싣고
시간 맞춰 다닌다.

손바닥만 한 행선지
유리창에 붙이고
한밤마을 돌아서 간다

대율사 풍경소리 따라
탁발 떠나는 스님

육두문자 씹는 대흥식당의
빛바랜 간판이
해를 향해 걸어가는
둘레길에 걸렸다.

돌담

6.5 Km 돌담이
고향을 지킨다.

경오년 아픔을
견뎌낸 동네 지킴이

이끼와 지의류*는
빛나는 훈장

생긴 대로 엉기성기
고향 지키고 섰다.

*지의류 : 돌의 이끼와 돌꽃

태풍 자리

뒷산이 무너졌다

인재로 훼손된 자연이
마을을 덮쳤다

안채와 헛간은 쓸려가고
흔적 없는 무덤 앞에
통곡하는 가족

경오년* 영혼
한밤마을 깨운다

*경오년 : 1930년 팔공산 산사태로 수재민과 사상자 발생.

돌 방천* 호박꽃

돌 방천
옛 모습 보고 싶다.

백 년간
칡으로 엉킨 모습
찾을 길 없다

경오년 수재민과
실종자는 잊혀가고
한밤 동네 지켜온 돌 방천

새봄에 심은 호박씨
돌 틈에서 피워낸 호박꽃이
한밤마을을 품는다

*돌 방천 : 남천 따라 1km 돌 제방.

한밤마을 맛집

한밤에 터 잡았다.

선대의 인품 이어받은
돌담마을 터줏대감

해를 향해 걷고 있는
한밤마을 대흥식당

45년 숙성시킨 삼겹살
텃밭에 재배한 야채에
쌈을 싼다

벌레 먹던 상추가
고소 하기만 하다.

오은사* 안개

연못에
가을이 앉는다

긴 팔로 다 붙잡지 못하는
안개

사뿐히 말 걸어오는
엄마

방석 깔고 앉은 단풍잎 하나
독경 소리에 따스하다.

* 오은사 : 대구광역시 군위군 부계면 동산리 팔공산에 있음.

장마 후 풍경

전봇대에 붙은
위험 표시판 아래서
섞은 참외 핥고 있다

이리저리 깨물어 보지만
단맛은 없다

장마에 떠내려온 허기

장마가 버리고 간
개의 하루가 고프다.

오무당 너덜겅*

오소리 너구리 보금자리
따뜻하다

이끼와 지의류는
봄바람

오무당이 지키고 있다

패이고 각진 세상
너덜겅이 굴린다

*오무당 너덜겅 : 대구광역시 군위군 부계면 대율리 통시봉 아래 지명.

청운대 원효굴*

천상의 계단 없을 땐
어떻게
석벽을 올라 수련했을까?

일심을 깨달아
구름 타고 오르내렸다는
겨울만 햇볕이 드는 동굴

삼국통일 이룬
화랑의 장군샘이 솟구친다

자신을 찾으라는 말씀에
마음 계단 천천히 오른다

*원효굴 : 대구광역시 군위군 부계면 동산리 산73

오도암* 가는 길

오도암 가는 길은
멀고도 가깝다

비로봉 하늘에 닿고
청운대 깍은 벼랑은
안개로 가리고 있다

젖은 마음 법당에 불켜고
세심정 물 한모금 마시고
싸립문을 나선다

올라오는 길에
기도 다 이루었다고
내려가라 하신다

*오도암 : 대구광역시 군위군 부계면 동산리 산75

소꼴 기억

지천의 개망초는
송아지 양식이다

참풀만 베오라 하신다

친구와 공놀이하다 보니
해가 진다

급히 벤 소꼴 덕에
한달동안 학교를 못갔다

그날 꼴망태 속에는
참옻 순만 가득했다.

옛 친구

옛 친구 만나
세월 묶어 놓고
이틀 동안 웃었다.

반가워서 웃고
뒹굴면서 웃는 행복한 시간

웃다 보니
청춘의 꿈이 덤으로 왔다.

눈에 등 밝히고
밤새 종알거린
동심의 시절로 돌아가

별도 달도 지고
햇살이 어느새 비석에 앉아
떠난 친구 배웅하고 있다.

좋은 친구

밤바다가
검푸른 속살 드러내고
거품을 토해내고 있다.

술에 이기지 못해
여기 어디냐고
헛소리하는 친구에게

철썩철썩
조율하는 파도

지친 삶 내려놓으라고
목청 높이는 바다.

홍시 추억

너도 생각 나지.

감나무에 노란 꽃 피면
주워 먹기도 하고
실에 매달아 목에 걸고 놀았다

홍시가 될 무렵에는
나무 위로 올라가 감 딸 때
꼭대기에는 까치밥 남겨 두었다

홍시 따다 다리 부러졌던 광석이
고향집 처음 오던 날
새벽녘 까치 소리에
홍시가 더 붉게 익었지.

너도 생각 나지.

한밤 친구야

설악산에
정 나누러 왔다

밤새 벽에 기대 앉아
유년의 꽃을 피운다

용근이 떠났다고
손수건 적신다

돌아보지 마라
한밤 친구들아

돌담처럼 변함없이
정 나누자

사과 축제

한티재 넘어 돌담마을
사과 축제가 한창이다

붉은 하늘 두둥실
구름 한 점 떠있고
농부의 땀방울로 넉넉한 들녘

지난 겨울
눈바람 속에 참아낸
고독의 시간도
달콤하게 스며든다

민낯으로 나온 사과
달콤 아삭한 향기로
영혼을 풀어낸다

사랑으로 가르치는
축제의 시간이다

가을 축제

가을 축제
가마솥이 뜨겁다

고논에 도구치며 잡은
미꾸라지

손가락 틈새 비집고
들락거린지 이미 오래

농약 피해 돌아서는
아궁이만 뜨겁다

명견 한밤이

관광객에게도
사랑을 받는다

오늘은
균형 잡힌 자세로
화물차 위에서 망을 본다

돌담마을 누비며
보초 서는 골목대장

터덜터덜 걸어가다가
고기 한 점에
꼬리 흔들며 앉는다

나이스 샷

누렁소 놀던 곳에
깃발이 펄럭인다

누렁소 하는 일을
기계가 하는 세상

솔밭에 잔디 심어
파크 골프를 친다

힘든 일 내려놓고
한밤마을 나이스 샷

한밤 장날

낯익은 동네 어른들
국밥 한 그릇
막걸리 한 사발 놓고
옥신각신 시끌벅적 한다

장터에서 들어오는 골목 앞에서
황소 눈빛으로 고함치는 아버지

남자만 인간 인감
저만치서 궁시렁거리는 어머니
장에 다시 오나 봐라

1960년 한밤 장날
고무신 하나 얻어 들고
배부른 귀가길

제3부

까막눈

까막눈

오늘은
엄마 기일이다

엄마는 글자만 보면
말문이 막혀 글썽거렸다

어느 봄 날
가나안 학원에서 한글을
일 년간 배우셨다

세상이 훤해졌다고
웃음 지으시던 생전 모습

제사상 앞에 앉은 불효자
점점 까막눈이 됩니다

별

석아
어머니가 부른다

별이된 당신은
보이지 않고

밤마다 부르는
별 하나

참깨 농사

어머니는
농사짓지 말라고 했다.

5월 중순에
참깨를 심고

6월엔
꽃피고 열매 맺었다

7월엔 장마와 태풍에
쑥대밭이 되었다

참깨 농사는
하늘 농사라던 어머니.

고향 집

꽃 피우기 위해
달려온 고향

포근하게 잠들 수 있는 곳
돌담이 빙그레 웃는다

꽃 나비 춤추고
새들 노래하면
따뜻한 미소

햇살 잠 깨우고
된장찌개 끓이면
어머니 맛 난다.

춤추는 부지깽이

아궁이 교실은
호롱불 대신 군불을 땐다

찰흙으로 만든 칠판
재로 글 쓰는 쇠죽간

부지깽이의 자신감은
불가능이 없다

이순 넘은 부지깽이
글 춤을 춘다

그늘

옛집 방문을 연다.

그늘을 찾아
대율사로 간다

찾지 못한 심정
생살이 찢긴다

꿈속 헤매는
아들 걱정하는 어머니

어미 새

어미 새
뱀과 싸우고 있다

눈도 뜨지 못하고
먹이가 된 새끼

둥지 속에는
뱀이 잠복 중이다

새끼 찾는 어미 새
밤을 지새운다.

어머니 생각

가을이
저만치 걸어가고 있다

바람이 지난 숲
단풍이 든다

바람 한 줄기
낙엽으로 내린다

비워라 가르치던
겨울나무

마당 바위에 홀로 앉아
그리움만 쌓고 있다

늙은 호박

어머니의 젖무덤
닮았다.

깊게 패인 주름
화장하지 않은 얼굴

이슬 맞으며
마른 줄기 끝에 앉았다

이제야 알겠다.

아궁이 속의 마른 줄기가
어머니라는 것을

그 날

고향집 큰방에
영정 사진 걸렸다

눈물로
기다린 10년*

돌아온다는 말
들립니다

오시는 날
백발 노인 손흔들어도
나 인중 아소

* 10년 : 어머니 돌아가신지 10년.

밤나무 1

떡 벌어진 입
삼 형제가 매달려 있다

세상 길 떠나는 자식
막내 손 잡고 애쓴다

아무리 애써도
때 되면 떠나는 법

가시 문 열고
미련 없이 주는 밤나무

물소리

우레 치는 새벽녘
별이 된 누나

19년 자란 꽃나무
피지 못하고 꺾였다.

타는 심장
끝내 꺼지지 않는 불

숨이 멈춘 뒤
고요한 물소리만 들렸다.

스무 살 누이

가슴에 핀
백합을 본다

맑고 맑은
꽃향기 맡는다

소식 없어
가슴만 태우는 누이

거실 식탁 위에 핀
사랑의 꽃 한 송이

누나*

보름달은
누나 얼굴 입니다

생각이 나서
가슴에 걸어둔 둥근달

그믐날 밤에도
훤하게 비추어줍니다

오늘따라
보름달이 더 그립습니다

* 누나 : 19세 나이로 하늘나라로 감.

제4부

디딤돌

디딤돌

나무삐까리 하려고
팔공산 누빈다.

청석골 언덕
싸리나무 열두 단 묶어
산 아래로 굴린다

대나무 도시락으로
배를 채우며 추위에 울었다.

땔감을 팔아서
학비 주시던 아버지

헛간을 지키는
낡은 지게가 나를 지킨다.

아버지의 움막

움막에 마주 앉아
커피 한 잔 마시고 싶다.

한발 가면 한발 물러서고
두발 가면 두발 물러서는 그리움

따라갈 수 없는
먼 길 가셨다

당신의 목소리로
기침 소리마저 그리운
당신과 마주하고 싶습니다

아버지 꽃

고구마꽃이 피었다.

기온이 높아서 피었는지
행운이 오려고 피었는지

오전에 피고 지는
백년에 한 번 피는 꽃

씨알이 더 크게 영글도록
고구마꽃을 싹둑 자른다.

싸락눈

기약 없이
편지 보냅니다
싸락눈 내린다고

날마다 마당 쓸면서
마음 달래던 아버지

골패인 이마
빗자루 닳도록 쓰는 어머니

고향집에
싸락눈 쌓였다고
편지를 보냅니다

나무를 심다

말라가는
감나무를 뽑았다

뿌리를 감은 철사줄
검고 붉게 녹이 슬었다

여위어 가던
팔과 다리 아비 닮았다

선산에서 돌아오는 날
뿌리 굵은
소나무 한 그루 심는다

버팀목

미색 풍기는 계절
비릿한 밤꽃 냄새 난다

엊그제 심었는데
꽃 피고 벌 나비 부른다

올해도 든든하게
집을 지키고 있다

밤나무는 친구이고
꿋꿋한 아버지의 자리

인생길

외갓집 가던 날
잡생각 하다가
정류장을 지나쳤다

자갈길 10리를
걸어서 갔다

지하철은 잘못 타도
반대쪽에서 갈아타면 된다

인생도
건너가서 탈 수 있으면
후회하지 않을 텐데

팔베개

할머니 산소에
코스모스 피었다

쓰러질까 넘어질까
애지중지하던 꽃

어서 오라고
손짓한다.

오십 년 피고 진
할머니 팔베개
아직도 따뜻하다

회색 눈이 내린다

나뭇가지마다
회색 눈이 쌓인다

막대기로 두드리고
가지 끝을 당겨 털지만
휘어지고 부러진다

산 넘고 들을 지나
집으로 오는 동안
옴 몸에 눈이 쌓인다

전화위복 1

코로나19로
일주일 두문불출

평범했던 일상과 풍경이
설렘으로 다가온다.

출근길에
비행기 한 대 날아가고 있다

올해는
시간이 없어 여행 못 가는
한 해가 되었으면

붕어빵* 아줌마

뜨거운 빵틀 돌리며
붕어빵 굽는 아줌마

천막 친 낡은 리어카는
삶의 터전

시린 손 녹여가며 빵 굽는
소박한 마음이
가족의 아랫목을 지킨다

따뜻한 종이봉투 건넬 때
붕어도 눈웃음친다.

*붕어빵 장소 : 성서 홈플러스 뒷골목.

기도

부모 마음은
한도 끝도 없다

수능* 시험이 끝날 때까지
정문 앞을 지킨다.

묵묵히 기도하는
며느리

장갑도 없이
염주 돌리며 관세음보살
긴장된 딸 품어주고 있다.

*수능일 : 2023년 11월 16일.

행복

들길에서
풀냄새 맡으면 행복하다

작년에 본 야생화
다시 볼 수 있어 행복하다

힘들 때 생각나는
사람이 있다

저녁이면
가족이 기다린다

꿈꿀 수 있는 행복이
큰 별이 된다

텃밭

풀 매고 물 주고
매일 바쁘다.

텃밭의 일상
채소 오이 고구마 영글고
추석 선물 바쁘다

밭고랑을 돌아보면
가난이 보인다

오늘도 새벽 일찍
텃밭으로 나간다.

약속

동틀 무렵
꽃밭을 일구는 아내

작년에 숨겨둔
노란 봉투 꺼낸다.

꽃과 속삭이는 아내
웃음이 가득하다.

꽃 물든 손톱에서
내년의 꽃밭을 본다.

제5부

할미꽃 이정표

할미꽃 이정표

등산로에
이름 없는 무덤 하나.

풀 속에서
이정표가 된 할미꽃

산을 오르고 내리는 사람
길을 묻는다

지나온 길과 갈 길을
가리키고 있다.

천덕꾸러기

이리저리
피해 다니는 악취

가을볕에 매달려
익어간다.

결실을 자랑하는 늦가을
천덕꾸러기 은행

겨울 나목으로
당당히 맞선다.

가로수

허리춤에 짚 두르고
찬바람 알몸으로 안았다

첫눈으로
눈꽃 피웠다

벗은 가로수
저토록 홀가분 한가

낙엽 쌓인 자리
잎눈 준비에 고요하다

비밀 꽃

아픔을 줍는다

모래만큼 쌓인 사연
파도를 탄다

매몰찬 눈물로
모래알 적신다

파도에 묻은 비밀
월포 해변의 갯매꽃 핀다

전화 위복 2

무엇이
가슴을 친 걸까

부도 맞아
돌담이 무너졌다.

비틀대던 오 십대
눈물로 얼룩진 IMF

스무 번째 또
봄을 맞는다

꿈꾸는 자동차

겨울 가지에 매달린 검은 잎
바람에 날린다

줄지어 선 나목
질주하고 있다

꿈꾸는 자동차

눈부시게 장식할 벚꽃 길
달리고 있다

소리길

비가
쏟아진다

빗줄기는 소리보다
먼저 강을 이룬다

닫힌 마음
뚝 무너지는 소리

물의 방에서
물길 내는 장대비

어부

쉰 새벽
노인이 보인다

바람에 흔들리는
별빛

삶에 미끼 던지는
쪽배

굳은살 박인 손바닥에
물길을 세고 있다

바다 친구

거품 물고 꾸짖는
밤바다

술에 이기지 못해
큰소리만 친다

철썩철썩 다가와
귓가에 소곤댄다

지친 마음
내려놓으라고

대고동

파도 소리에
용기를 얻는다

주저앉고 싶을 때
힘차게 나가라고

삶의 벽이 두꺼워도
밀고 나가라 한다

대고동 귀에 대고
파도소리 담는다

곤줄박이 새

감나무 둥지에
알을 품는 곤줄박이

며칠 뒤
새끼 두 마리
노란 입 벌려
울부짖는다

대를 잇는 새 가족
둥지 안이 따뜻하다.

도전장

서두르지 않는 담쟁이

잔뿌리가
줄기를 떠받고 있다.

마디마디 빨판 내리며
세상을 들어 올리고 있다

고개 넘은 담쟁이가
허공을 채우고 있다

영역

나뭇가지 오르내리며
거미줄 친다

벌 한 마리
영역을 넘는다

꽁꽁 묶여
몸부림친다

자유를 가두고
때를 기다리는 거미

생존

일어서기를 포기한
칡넝쿨 번진다

어린 넝쿨을 당기면
힘없이 꺽인다

기다가, 기다가
나무 붙잡고 일어선다

어느새
감나무에 꽈리 틀고 앉아
엄지척한다.

지팡이

장맛비에
몸부림치는 줄기

나뭇가지 하나
꽂아 주니 일어선다

지팡이 짚고
일어서는 오이순

추목

지는 해
온 산천은 불바다

바람도 구름도
갈 길이 다르다

하늘을 안고
아파하는 바람

시나브로 물드는
상수리나무

알밤

툭툭 떨어뜨린다.

다람쥐도 부르고
동네 애들도 부른다

가을소풍 오라고
겨울 준비 하라고

투둑투둑
지축을 울린다

무섬마을*

외부와 소통하는
사천에 서 있는 외나무다리

선비의 전통이 살아 있고
용마루 옆 까치구멍
내일을 본다

고택과 선비가 지킨 무섬

세월 품은 정자나무
바람에 일렁인다

*무섬마을 : 경북 영주시 문수면 수도리 국가민속문화재 마을

대원사* 계곡 오르면

데크길 3.6 Km
천상의 계단 오른다

계곡물 바위틈에는
수 생물 가득하고

용소 기암에 잠든 소나무
빼곡하게 고개 내민다.

대원사 계곡 올라
소나무로 살고 싶다.

*대원사 계곡 : 경상남도 산청군 삼장면 유평리에 있는 계곡. 지리산 천왕봉에서 중봉과 하봉을 거쳐 쑥밭재, 새재, 왕등재, 밤머리재, 웅석봉으로 이어지는 산자락에서 발원되는 계곡물이 약 12 Km을 흐른다.

정해신침 定海神針*

19.2m 곧게 선
언덕과 계단 위를 오른다

세상에서 가장 키 큰 석순
1억 위안 보험 들었단다

6억 년이 쌓아 올린
정해신침

지하 세계를
영롱한 빛으로 밝히고 있다

*정해신침 : 중국 장가계 황룡동(안)

붉은 아까시나무*

빨간 꽃이 피었다

가시 없는 줄기
꽃향기도 없다

벌 나비 유혹하는
희고 노란 꽃무늬

붉은 꽃 피워두고
보름날 님 마중 바쁘다

*붉은 아까시나무 : 미국 아까시나무를 스페인에서 관상용으로 개량한 품종.

혼수 장롱

긴 세월
부딪치고 틀어졌다.

45년 된 장롱
여닫을 때마다 삐걱댄다.

서로 믿으면 상처에
새살 돋는다던 어머니

별별 몸짓으로
삐걱대며 일상을 깨운다.

가난의 실

줄타기
곡예를 한다

전세살이
땀 냄새 범벅 되도록

수많은 날
줄을 탄다

가난의 틀에 실을 걸어
튼튼한 동아줄 꼰다

`해설`

사고思考의 시적 인식認識과 상상想像

深泉 김은수 시인

사람은 누구나 같은 시간의 인생을 살아가고 숨이 막히는 터널을 수없이 지난다. 누구의 잘못도, 책임을 전가할 그 무엇도 없다는 것을 깨닫는다. 그 깨달음이 석가의 고행이고 예수의 희생에서 비롯되는 참다운 진리의 문을 여는 일이 아닐까? 신현우 시인은 살아온 시간 속에는 잊을 수 없는 수많은 기억의 조각들이 존재하고 있으며, 그 추억 속에서 현실의 자아 탄생의 근원임을 직시하고 있다. 대표작으로 "가끔은 깨닫는다"에서 우리는 시인의 정체성을 들여다볼 수 있다.

가끔은 깨닫는다

잘살고 있다고 느끼다가
어느 순간 무너진다

행복하다. 생각했는데
불안하고 괴로워진다

무너지는 한숨 소리 듣고
찾아오는 사람 하나 없다

허무할 수도, 외로울 수도
있다는 것을
가끔은 깨닫는다

- 「가끔은 깨닫는다」 전문

　살아간다는 것이 어찌 제 맘대로 될까마는 뒤늦은 시각에 돌아보는 마음은 누구나 갖겠지만 누구나 냉철하게 희노애락의 의미를 깨닫는다고 할 수는 없을 것이다. "잘살고 있다"고 "행복하다"고 느끼는 순간 호사다마가 찾아 오고 "불안하고 괴로워" 하면서 스스로를 달래야 되는 "한숨 소리"를 내뱉을 수밖에 없을 것이다. 그러나 행복할 때 곁에 있던 그 많던 사람이 힘들 땐 "찾아오는 사람 하나 없다"고 느끼게 된다. 인간사 새옹지마塞翁之馬라 하지만 힘겨운 순간에 느끼는 고통의 시간은 길고도 길게 생각이 든다. 이같이 신현우 시인의 작품 속에는 인간 애환의 추상적 의미를 동적이미지화 시켜 감각적 이미지로 전환 시키는 힘이 있다.

안개 속에서는
늘 혼자가 된다

젊던 길
어디에서 헤매고 있을지

숲과 나무와 돌
서로 볼 수가 없다

안개가 걷힐 때까지
꿈길을 걷는다

- 「꿈길」 전문

작자는 젊은 시절의 들길을 시적 상상 하면서 안개라는 '세상사'를 잘 끌어와 인용하고 있다. 누구나 질풍노도의 시기를 막 빠져나오면 사회라는 '안개'가 앞을 가리고 있음을 본다. 자신의 성장 과정에서 겪은 짧은 시간이지만 누구나 힘들고 긴 시간이었음을 간과하지 않을 수 없을 것이다. 시인은 "안개 속에서는 / 늘 혼자가 된다"고 자신의 젊은 시절을 회상하면서 "어디에서 헤매고 있을지"라고 표현하고, 그 암담했던 시간으로 독자를 이끌고 간다. 그 시점은 "숲과 나무와 돌 / 서로 볼 수가 없다"고 하면서 한 곳에 전념할 수 없고, 서로를 응시할 수도 없었음을 이미지화했다. "안개가 걷힐 때까지 / 꿈길을 걷는다"고 당시의 상황을 제시하고 있으며, 안개의 불투명한 현실에서 작자가 선택한 길은 좌절과 멈춤이 아니라 '꿈'을 향해 망설임 없이 갔다고 회상한다. 윌리엄 스미스의 'Boys, be ambitious!'란 말이 생각난다. 작자가 고통을 극복하는 시간은 독자에게는 위안이 되고 따뜻한 위로로 전달되도록 글을 써야 한다. 이러한 관점에서 시인은 그 의무를 충실히 이행하고 있다고 하겠다.

「객실의 빛」에서는 "책 속의 풍경"은 휴대폰의 "문자 메시지"를 읽는 현대인의 일상을 잘 보여 주고 있으며, '정신의 밥'으로 즐거워하는 "객주의 눈빛"으로 포용하는 사고를 서술하고 있다. 시인은 자신이 처한 현실을 잊어서는 안 된다. 사회제도나 관념과 이념까지 포괄하는 보편성을 지녀야 할 것이며, 문자언어를 통해 표현하는 사람이어야 할 것이다. 일상의 허허로움을 만끽하는 「저녁 산책」의 즐거움도 있지만, 퇴근하고 집으로 향할 때의 고단과 피곤을 삭여주는 가족의 소중함을 「빛 그리움」으로 대변하고 있다. 「기도 하는 곳」은 지상과 하늘의 차이는 '작은 기도'로 구체화하면서 「생각 나무」는 나무를 작자로 환원시키고 시적 인식을 자라는 나무로 "잎이 돋고 / 열매가 맺는다"고 고백하고 있다. 시적 상상의 2차적 단계는 사물과 자신이 하나가 됨을 말한다. 즉 물아일체가 될 때 소재가 되는 사물을 의인화시킴으로써 대체되는 인용의 언어 의미를 구체화할 수 있다.

청솔모가
잣을 딴다

밑에서
나는 줍는다

너도나도
밥 먹고 산다

또 떨어지는 잣
껍데기뿐이다

-「밥 먹고 산다」 전문

시적 모티브는 자연이라는 개괄적 의미를 바탕에 두고 "청솔모가 / 잣을 딴다"는 자연 순리에 순응하는 시적 이미지를 형성하고 있다. 시인은 사회적 습관처럼 중간 상인이 되어 이득을 챙기고 있다. 하지만 결국 청솔모가 깨닫게 되고 속을 까먹고 "껍데기"만 떨어뜨리는 이슈를 보인다. 자연 순리에 순응은 하지만 자연을 훼손하는 인간들의 잘못된 인식을 꼬집는 작자의 의도를 읽어낸다.

이십 년 함께한 소나무
잎마다 바람이 든다

새순이 올라와
마른 잎을 밀어내고 있다

살충제를 뿌리고
막걸리를 주었지만
시름시름 죽어가고 있다

이십 년 바람피운 주인
마른 솔가지로
아궁이 불 지핀다

-「잎 마름」 전문

오랜 소나무가 무관심 속에서 바람이 들었다. 바람은 이동성을 갖고 병충해를 몰아와 잎은 말라가고 뒤늦게 정신 차린 "주인"은 조치를 하지만 이미 골 깊은 잎마름병에 포기한다. 하지만 주인을 위해 아궁이 땔감이 된 솔가지는 무엇을 비유하는 걸까? 여기서 의미시의 맛을 느껴야 한다. "소나무"가 늙어 감이 우리네 '인생'이라면 "새순"은 우리의 아들딸이 아닐까 바람은 어느 곳에서나 불고, 작자의 옷깃에도 예외 없이 불어 몸뚱이는 말라갈 것이다. 여기서 "주인"은 순리라는 추상과 조물주(바람)라는 허상을 형상화한 것으로 봐야 한다. 이런 관점에서 "아궁이"를 데우는 마지막 아비의 심정을 능히 엿볼 수 있을 것이다.

「천년 주목」은 바로 인간 수명의 유한성에서 오는 허무를 노래하고 있다. '살아서 백년 죽어서 백년'이라는 주목나무에서 삶과 죽음의 연속성을 생각할 수도 있지만 작자는 부러움을 표하면서 인간의 유한성에 초월하는 시인을 만난다.

30년 증인이 된
낡은 기계에 고장 잦다.

부품 골목을 다 뒤져도
품절이다.

3030명패 붙은 사진 한 장
섬유박물관에 증인으로 건다

– 「3030 기업」 전문

"3030 기업"은 대구광역시에서 지정한 기업체로써 30년 이상 된 법인으로 종업원이 50명 이상 근무하는 기업체를 말한다. 작자는 오랫동안 운영해 온 회사의 기계가 "고장 잦"아 부품을 교환도 해 보지만 고칠 수가 없단다. 그러나 역사화 된 기계를 차마 그냥 버릴 수 없어 사진을 찍어서 섬유박물관에 보관하게끔 한다. 기록물로 남겨진 초상화 같은 "3030 기업" 마크를 달고 박물관에 걸린 사진을 보면서 시인은 자신의 초상화를 보듯 가슴 시림을 느꼈으리라.

인간은 태어난다. 고로 어미의 존재적 가치관이 생성되고, 회귀본능의 구체적 행동 본능이 귀향을 꿈꾸게 하는 것이다. 작자 또한 한밤마을에서 태어나 도시에서 살면서 어느 시점, 서산의 노을을 인식하게 되었고 귀향을 결심했을 것이다.

가을꽃이 손을 흔드는 날
버스도 손님도 들꽃 싣고
시간 맞춰 다닌다.
손바닥만 한 행선지
유리창에 붙이고
한밤마을 돌아서 간다

대율사 풍경소리 따라
탁발 떠나는 스님

육두문자 씹는 대흥식당의
빛바랜 간판이
해를 향해 걸어가는
둘레길에 걸렸다.

- 「한밤마을 둘레길」 전문

 가을의 꽃향기가 물씬 풍기는 조용하고 한적한 마을. 마을버스를 통해 "한밤마을"을 소개하고 있다. "손바닥만 한 행선지 / 유리창에 붙이고" 마을을 도는 버스 안에는 들꽃 향기로 가득할 것이다. "대율사 풍경소리" 들리고 "탁발 떠나는 스님"의 등에 걸린 시주 주머니 속에는 고깃집 "대흥식당"의 비린내가 묻어 있지만 사바세계의 계율에는 속세의 때가 스며들 공간이 없다. 대율사 맑은 풍경소리에 자연 치유되는 마법의 마을이 아닌가 싶다. 들꽃의 신선한 배경에 세속의 육두문자를 대비시킨 화자의 의도는 서로가 배타적 사고로 살아가지만 서로가 화해의 장으로 융화됨을 의미한다.
 또한 한밤마을은 돌담으로 유명하다. 큰 홍수로 산이 무너지면서 마을이 초토화된 과거를 딛고,

돌을 모아 돌담을 쌓아 오늘의 '돌담마을'의 호칭을 얻었다고 한다.

"6.5 km 돌담이 / 고향을 지킨다"고 「돌담」에서 말하고 있으며, "이끼와 지의류"는 역사의 증인으로 "엉기성기" 서 있다고 기술하면서 다음의 작품에서 돌담마을의 유래를 들려준다.

뒷산이 무너졌다

인재로 훼손된 자연이
마을을 덮쳤다

안채와 헛간은 쓸려가고
흔적없는 무덤 앞에
통곡하는 가족

경오년 영혼
한밤마을 깨운다

-「태풍 자리」 전문

역사 속의 1930년 경오 년. 한밤마을 수난의 해. "뒷산이 무너졌다" 마을을 덮친 산사태가 "안채와 헛간은 쓸려가고 / 흔적 없는 무덤 앞에 / 통곡하는 가족"을 남기고 갔다. 마을 사람들은 떠

내려 온 돌을 모아 집을 짓고 돌담을 쌓았다. 두 번 다시 자식들에게 아픔을 물려주지 않기 위해 땀을 흘렸다. 그러한 선조의 의지로 세워진 오늘의 한밤마을은 자랑스러운 마을이 아닐 수 없다. 작자뿐 아니라 모든 주민의 정신적 지주는 돌담이 아닐까?

「돌 방천 호박꽃」이 잘 자라고 있다 "터줏대감"이 된 "대흥식당"은 아직도 예전처럼 「한밤마을 맛집」으로 대를 이어 건재하다. 인재를 당한 아픔을 거울삼아 "벌레 먹던 상추가 / 고소하기만" 한 대흥식당. 오늘도 마을의 자랑으로 손님에게 옛 맛으로 대접하고 있다.

연못에
가을이 앉는다.

긴 팔로 다 붙잡지 못하는
안개

사뿐히 말 걸어오는
엄마

방석 깔고 앉은 단풍잎 하나
독경 소리에 따스하다.

– 「오은사 안개」 전문

　시인의 고향 사랑은 「오은사 안개」에서 어머니에 대한 그리움으로 피어난다. '오은사'는 어머니가 생전에 다니시던 절이다. 갈 때마다 작자의 손을 잡고 가시던 그 길. 철없이 따라다닌 안개 속 그 길. 아무런 거리낌 없이 걷던 그 길에는 어머니의 체온이 남아있다. 오늘 '오은사' 연못에는 가을 낙엽이 떠 있다. "긴 팔로 다 붙잡지 못하는 / 안개"는 다시는 볼 수 없는 어머니의 품이다. 그러나 "사뿐히 말 걸어온"다고 시적 상상에서 어머니의 손길을 감지하고 "방석 깔고 앉은 단풍잎"은 어머니의 고운 얼굴로 보인다. 또한 "독경 소리에 따스하다"고 청각에서 촉각으로 극대화 시켜 시적 긴장감을 더하고 있다. 의미시를 배운 화자는 지상과 천상을 오가는 감각을 표출해 낸다. 지상의 '단풍잎'의 의미를 '독경 소리'를 빌어 천상의 음성으로 받아들인 공감각적 사유의 자유로움을 눈여겨 볼 수 있다.

　「장마 후 풍경」은 시골 여름의 장마로 인한 피해를 "썩은 참외"와 배고픈 "개"를 빌어서 잘 나타내고 있다. 「오무당 너덜겅」은 고향에 있는 지명 '오무당'이 마을 지킴이로 존재하고 있다는 것을 시적으로 표현하고 있으며, 「청운대 원효굴」에서는 "석벽"을 올라가서 수련하던 신라 "화랑의 장군"을 얘기하며, 그가 마시던 샘이 아직도 '장군샘'으로 존재한다고 말하고 있다. 또한 "자신을 찾으라는 말씀에 / 마음 계단 천천히 오른다"며 자신의 마음 수양의 '이정표'라고 강조하고 있다. 「오도암 가는 길」은 "멀고도 가깝다"고 "젖은 마음 법당에 불 켜고 / 세심정 물 한 모금 마시고 / 싸립문 나선다"고 암자를 내려 갈 때는 "올라오는 길에 / 기도 다 이루었다고 / 내려가라 하신다"는 깨달음을 얻는 불심을 잘 보여주고 있다.

  이러한 작품은 시인이 고향집에서 느낀 일상을 지난 추억과 가족에 대한 그리움으로 가득 채워 가는 것을 나타낸다.

지천의 개망초는
송아지 양식이다

참풀만 베어 오라 하신다

친구와 공놀이 하다 보니
해가 진다

급히 벤 소꼴 덕에
한 달 동안 학교를 못 갔다

그날 꼴망태 속에는
참옻 순만 가득했다.

- 「소꼴 기억」 전문

여름날 들녘에는 개망초가 지천으로 피었고 "참풀"은 "송아지 양식이다." 소꼴 베어오라는 부모님 말씀 듣고 나가서 "친구와 공놀이"에 정신 팔려 "해가" 서산에 기우는 것도 잊다가 불이 나게 꼴망태 속을 "참옻 순"으로 가득 채운 사건. 온몸에 오른 옻 때문에 한 달간 학교에 결석했다는 추억에 필자도 공감이 간다. 이런 어린 날의 얘기는 1950~1970년대의 사회상을 잘 대변해 주고 있다.

「옛 친구」는 먼저 간 친구에 대한 미안함과 그리움을 "햇살이 어느새 비석에 앉아 / 떠난 친구 배웅하고 있다."고 안타까움을 나타내고 있으며, 「좋은 친구」 「홍시 추억」 「한밤 친구야」에서도 친구의 그리움을 나타내고 있다. 「사과 축제」 「가을 축제」를 통해 고향을 알리고, 그동안의 향수에 굶주린 시인의 마음을 문학적으로 풀어낸 것이라 할 수 있다.

이렇게 시적 모티브는 자기 자신에서 비롯된다. 나로 말미암아 부모형제로 이웃과 사회로 나라와 세계로, 더 나아가 우주적 섭리에 도달할 수 있는 시적 마인드는 우주적 감각으로 이어지고, 구상 시인이 말한 '우주적 연민'으로 세상을 품게 되는 것이다. 이런 관점에서 신현우 시인은 앞으로가 더 기대된다고 말하고 싶다.

한밤마을에는 빼놓을 수 없는 「명견 한밤이」가 살고 있다. 그리고 이제는 살기 좋은 마을이 되어 골프장에서 「나이스 샷」을 한다고 자랑한다. 또한 「한밤 장날」이야기도 빼놓을 수 없는 작품이라 하겠다.

오늘은
엄마 기일이다

엄마는 글자만 보면
말문이 막혀 글썽거렸다

어느 봄날
가나안 학원에서 한글을
일 년간 배우셨다

세상이 훤해졌다고
웃음 지으시던 생전 모습

제사상 앞에 앉은 불효자
점점 까막눈이 됩니다.

- 「까막눈」 전문

  '제3부 까막눈'을 접하면 눈시울이 뜨겁게 달아오르는 것을 느낄 수 있다. 왜일까? 이곳에는 돌아가신 부모에 대한 미안함과 아쉬움이 숨김없이 적혀있기 때문일 것이다. "오늘은 / 엄마 기일이다" 한국 사회에서 부모님의 기일은 자식에게는 제일 큰 행사이다. 시대적 변화로 인해 점점 제사 문화가 사라지지만 그래도 부모를 향한 사랑은 계속 이어지리라 생각한다. 몸과 마음을 부모님에게서 받았으니 당연히 부모님은 존경과 감사의 대상이 아닐 수 없을 것이다. 한 맺힌 배움의 갈증과 부끄러움을 "가나안 학원"에서 그 맺힌 한을 푸셨다. 그동안 속내를 몰랐던 불효는 "제사상 앞에 앉은 불효자 / 점점 까막눈이 됩니다."고 눈물로 고백한다. 인생은 살아봐야 안다고 말 하지만, 살다보면 어쩔 수 없는 굴레를 벗을 수가 없다. 이렇게 뒤늦은 후회를 하는 것이 인간사가 아닐까? 그래도 시인은 후회와 미안함을 고백하고 있어, 시인의 진정성을 잘 보여 주고 있다.

  이렇게 어머니에 대한 미안함과 그리움은 「별」에서 "석아 / 어머니가 부른다"며 하늘을 보고 "별 하나"를 찾아 어머니에 대한 그리움을 달래고 있다. 「참깨농사」 「고향집」 「춤추는 부지깽이」 「그늘」 「어미 새」 「어머니 생각」

「늙은 호박」 「그날」 「밤나무」에서도 모정에 대한 그리움은 계속된다.

우레 치는 새벽녘
별이 된 누나

19년 자란 꽃나무
피지 못하고 꺾였다

타는 심장
끝내 꺼지지 않는 불

숨이 멈춘 뒤
고요한 물소리만 들렸다

-「물소리」 전문

  참으로 안타까운 얘기를 듣는다. 열아홉의 어린 생명의 종말을 보고 있는 화자의 심정은 얼마나 아팠을까? "고요한 물소리"가 들릴 때는 이미 이 세상 사람이 아니다. "타는 심장 / 끝내 꺼지지 않는 불"을 바라보면서 어쩌지 못하는 자신의 무력감을 처음 느껴 보았을 것이다. 유종화 시인이 '부끄러움이 시인을 만든다'고 했다. 시인의 부끄러움이 독자의 마음을 움직이고, 감동으로 전해지는 진정성의 울림이 아닐 수 없다.

「스무 살 누이」 「누나」에서도 "오늘 따라 / 보름달이 더 그립습니다" 하고 말하고 있다.

인간의 삶이 고행이라는 관점과 행복이라는 관점은 반의적이다. 함께하는 말에서 서로가 따스함을 느낄 수 있고, 혼자라는 생각에 더운 날인데도 소름이 돋는 것을 본다, 이렇게 생각하기에 따라 행복과 불행은 공존하고 있다고 본다. 그럼 우리는 어떤 생각을 갖고 살면 좋을까? 당연히 좋은 생각, 긍정적 생각을 선택해야 마땅하지 않을까?

나무빼까리 하려고
팔공산 누빈다.

청석골 언덕
싸리나무 열두 단 묶어
산 아래로 굴린다

대나무 도시락으로
배를 채우며 추위에 울었다.

땔감을 팔아서
학비 주시던 아버지

헛간을 지키는

낡은 지게가 나를 지킨다.

- 「디딤돌」 전문

　제4부 디딤돌에서는 작자의 인생 행보에 누군가의 정신적 지지가 있음을 짐작할 수 있다. 절망과 좌절의 순간에도 늘 일으켜 세워준 힘의 근원은 바로 '디딤돌'이 된 '아버지'일 것이다. 6.25사변 이후 대한민국의 경제는 농촌에 의존하는 사회였다. 배움보다 굶주림을 먼저 해결해야 했던 시절. 부모들은 저마다 자식을 위해 희생양이 되었다. 이런 결과가 오늘날의 경제부국으로 성장을 하고, 노년의 아픔을 삼키며 살아가고 있다고 생각한다. 작자의 유년 또한 다르지 않았다. 하지만 먹는 것보다 자식의 교육을 먼저 생각한 화자의 아버지는 분명 '디딤돌'이 아닐 수 없다. 그 당시에는 땔감이 부족하던 시절이었고, 돈으로 바꿀 수 있는 유일한 노동의 산물이라고 해도 되겠다. "땔감을 팔아서 / 학비 주시던 아버지"는 자식의 성공만을 빌며 추운 겨울 산을 허기진 배를 움켜쥐고 헤매고 다녔을 것이다. 처진 어깨로 헛간 담벼락에 기댄 채 낡은 모습의 지게에서 아버지를 발견한다. 지금까지 자신을 지켜준 힘의 근원이 바로 아버지였음을 절실히 깨닫는다. 참으로 시대적 산물의 아픔 속에는 늘 감동의 얘

기가 숨겨져 있다. 「아버지의 움막」에서 아버지를 회상한다. 「아버지 꽃」 「고구마 꽃」을 보면서 "씨알이 더 크게 영글도록 / 고구마 꽃을 싹둑 자른다."며 아버지의 가르침을 기억해 낸다.

기약 없이
편지 보냅니다
싸락눈 내린다고

날마다 마당 쓸면서
마음 달래던 아버지

골 패인 이마
빗자루 닳도록 쓰는 어머니

고향집에
싸락눈 쌓였다고
편지를 보냅니다

- 「싸락눈」 전문

작자의 그리움은 살아온 날의 회상이다. 평탄하지는 않았지만 여태 살아온 삶에서 오직 자신의 편을 들어준 사람은 부모님 밖에 없었을 것이다. 시인의 내면에 깔린 인간성 회복의 원천은 모두가 부모님의 은덕이리라. 힘든 인생 행보에서 잠시나마 쉴 곳은 고향집이다. 그곳은 정신과 육체의 근원지이고, 삶의 활력을 얻는 곳이다. "기약 없이 / 편지를 보냅니다 / 싸락눈 내린다고" 지친 세월의 무게를 참으며 하소연 하는 작자의 마음은 안식이 필요하다. 부모님의 응원이 필요한 게다. 그 옛날에는 깨닫지 못했던 "날마다 마당 쓸면서 / 마음 달래던 아버지 // 골 패인 이마 / 빗자루 닳도록 쓰는 어머니" 가난한 살림에 자식들 학비 걱정에 속울음 우시던 소리가 들린다. 이제야 불효자는 싸락눈을 맞으며 눈시울을 적신다. 미안하다고 용서해 달라고 "편지를 보냅니다"

이러한 작자의 심정은 「나무를 심다」에서 "여위어 가던 / 아비 닮은 팔과 다리"라 회상하고 있으며, 「버팀목」이 된 밤나무 같은 아버지를 기억해 내고 있다. 「인생길」에서는 되돌릴 수 없는 세월의 안타까움을 노래한다. 또한 할머니의 사랑이 담긴 「팔베개」를 떠올리며, 힘들었지만 행복했던 어린 날을 기억하고 있다.

뜨거운 빵틀 돌리며
붕어빵 굽는 아줌마

천막 친 낡은 리어카는
삶의 터전

시린 손 녹여가며 빵 굽는
소박한 마음이
가족의 아랫목을 지킨다

따뜻한 종이봉투 건넬 때
붕어도 눈웃음친다.

- 「붕어빵 아줌마」 전문

 붕어빵이 "삶의 터전"이었던 시절. "시린 손 녹여가며 빵 굽는 / 소박한 마음이 / 가족의 아랫목을 지킨다" 한다. 그 당시의 서민의 일상이 잘 그려져 있다. 붕어빵 한 마리에 10원하던 시절. 그러나 가난과 추위를 이겨낼 수 있었던 것은 "가족의 아랫목"을 생각하며 참고 견딘 모정이 있었기 때문이다. "따뜻한 종이봉투 건넬 때 / 붕어도 눈웃음친다."고 고맙고 감사한 맘으로 살아가는 아줌마의 눈빛은 언제나 꺼지지 않는 난로와 같습니다. 가족은 사랑의 "디딤돌"입니다. 시대가 아무리 변한다 해도 부모님의 사랑은 여전히 세상의 빛으로 환하게 비춰줄 것입니다.

부모 마음은
한도 끝도 없다

수능 시험이 끝날 때까지
정문 앞을 지킨다.

묵묵히 기도하는
며느리

장갑도 없이
염주 돌리며 관세음보살
긴장된 딸 품어주고 있다.

- 「기도」 전문

   손주가 대학입시 수능을 치는가 보다. 한해 중 가장 춥다는 날에 시험을 친다. 고사장 앞에서 며느리는 장갑도 끼지 않고 기도를 한다. "장갑도 없이 / 염주 돌리며 관세음보살"을 되풀이하는 모습에서 부모의 사랑을 통감한다. 기도를 들어준 부처님이 "긴장된 딸 품어주고 있"을 것만 같다.
   또한 가난했던 시절을 회상하며 쓴 「텃밭」에서는 전원생활의 즐거움을 잘 표현해 내고 있으며, 「약속」에서는 "꽃과 속삭이는 아내 / 웃음이 가득하다"고 소탈한 행복을 누리는 아내의 아름다운 마음을 노래하고 있다.

등산로에
이름 없는 무덤 하나.

풀 속에서
이정표가 된 할미꽃

산을 오르고 내리는 사람
길을 묻는다

지나온 길과 갈 길을
가리키고 있다.

- 「할미꽃 이정표」 전문

 제5부 할미꽃 이정표에는 보다 다양한 각도에서 세상을 바라보는 작자의 모습을 발견할 수 있다. "할미꽃"은 봄날에 피어 늘 양지를 가리키며 피어난다. "풀 속에서 / 이정표가 된 할미꽃" 세상사 인간사는 풀숲을 연상한다. "산을 오르고 내리는 사람"에게는 이정표와 같이 "갈 길"을 보여준다. 자식걱정에 오고가던 고갯길에 꽃이 된 모정을 의미하는 꽃의 전설은 일상생활의 쉼 없는 달음질에 잠시 쉬어가는 동안 할머니의 가르침을 잘 전해 주고 있다.
 「천덕꾸러기」 「가로수」에서는 가을을 배경

으로 은행의 냄새를 "천덕꾸러기"로 표현하고 있으며, 잎을 떨군 겨울나무들의 당당한 모습을 노래하며, 우리네 삶의 노고를 응원하고 있다고 하겠다.

아픔을 줍는다

모래만큼 쌓인 사연
파도를 탄다

매몰찬 눈물로
모래알 적신다

파동에 묻은 비밀
월포 해변의 갯매꽃 핀다

— 「비밀 꽃」 전문

누구나 말 못할 비밀 하나 쯤 갖고 산다. 시인 또한 혼자만의 기억과 감정을 지울 수 없어 "모래알 적"시고 있다. 월포 해변에서 "파도에 묻은 비밀"을 풀어내고 있다. 그 비밀들이 아름다운 "갯매꽃"으로 피어난 것을 보는 시인의 눈은 일상의 무감각적인 사물에서 동적인 상상과 관념을 풀어내는 힘이 있다.

이러한 관념의 탈바꿈은 「전화위복 2」에서 "스무 번째 또 / 봄을 맞는다"고 회상하면서 IMF시절을 겪으며 어렵게 이겨낸 그 당시의 심정을 잘 보여준다. "스무 번째 또 / 봄을 맞는다"고 회상하는 「꿈꾸는 자동차」에서는 추운 겨울을 견디고 봄을 맞는다는 희망을 얘기하고, 「소리길」에서는 빗소리가 강을 이루고 물길을 내지만 더 이상 "장대비"가 무섭지 않다고 말하고 있다.

쉰 새벽
노인이 보인다

바람에 흔들리는
별빛

삶에 미끼 던지는
쪽배

굳은살 박인 손바닥
물길을 세고 있다

- 「어부」 전문

"어부"는 아마도 작자의 삶의 단면을 얘기하

는 것 같다. "바람에 흔들리는 / 별빛"을 보며 꿈을 꾸고 "삶에 미끼 던지는 / 쪽배"의 외로운 일상이 보이고, "굳은 살 박인 손바닥 / 물길을 세고 있다"고 초연한 삶의 화자를 볼 수 있다. 인간의 유한의 삶을 꿰뚫어 보는 시각이 읽는 독자에게는 작은 파문을 일으키게 될 것이다.

또한 「바다 친구」에서는 "거품 물고 꾸짖는 / 밤바다"에 귀기울이고 "지친 마음 / 내려놓으라"는 소리에 순응하며, 「대고동」에다 "파도소리"를 담아내는 시인의 섬세한 감각을 엿볼 수 있다.

감나무 둥지에
알을 품는 곤줄박이

며칠 뒤
노란 입 벌려
울부짖는다

대를 잇는 새 가족
둥지 안이 따뜻하다.

— 「곤줄박이 새」 전문

지구상의 인구가 점점 감소하고 있다고 한다. 대

가족을 힘겨워하던 시대가 지나가고, 핵가족도 많다고 '혼밥' '혼술'이 대세다 결혼이 개인의 행복 걸림돌로 생각하는 신세대에게 따뜻한 "곤줄박이 새"의 둥지가 필요하다. 이러한 시대적 문제를 걱정하면서 행복한 가정과 인간성을 복원해야 한다고 목 놓아 외치는 듯 하다.

이런 현실을 배경으로 「도전장」을 던지는 시인의 모습은 미래사회의 디딤돌이 아닐 수 없다.

나뭇가지 오르내리며
거미줄 친다

벌 한 마리
영역을 넘는다

꽁꽁 묶여
몸부림 친다

자유를 가두고
때를 기다리는 거미

- 「영역」 전문

가끔 우리는 영역을 넘는 욕심을 부린다. 배가 부르면 눕고, 누우면 자고 싶어지는 인간의 심리가 '영역'을 넘는다. 「영역」에서 작자는 인간과 자연의 섭리를 말하려 한다.

거미는 자연의 영역에서 기다리는 분수를 지키는 사람이라면 "벌 한 마리/영역을 넘는다"는 욕심을 채우려고 설치는 사람이 덫에 걸려들었을 것이다. "꽁꽁 묶여" 발버둥 치는 모습에서 현대를 살아가는 인간의 고정관념을 연상시키면서, 영역을 벗어나면 위험을 감당해야 한다는 좋은 예를 보여 준다. 오래 전 '자연으로 돌아가라'던 루소의 말이 생각난다. 지구 온난화로 이상기온을 접하는 지구촌에 '일침'을 놓고 있다.

이러한 관점에서 「생존」 「지팡이」 「주목」 「알밤」으로 이어진 자연과 인간의 삶을 현재 진행형으로 연결한 작품의 의도는 오래도록 독자의 뇌리를 울릴 것으로 생각한다.

그리하여 「무섬마을」에서 '정자나무'에게 귀 기울이고 「대원사 계곡 오르면」 소나무가 되고픈 시인. 그래서 「정해선침」을 보고 "지하세계를 / 영롱한 빛으로 밝히고 있다"고 말하는 시인. 삶과 죽음의 빛이 선명하게 하나가 되어 보여지는 관점은 어떤 종교적 가르침과도 같은 깨달음이 아닐 수 없다.

신현우의 첫 시집 「가끔 깨닫는다」는 현대를 살아가는 모든 이의 아픔을 치유하는 치료제라 하겠다. 잃어가는 정신적 고갈의 땅에 단비 같은 봄비가 아닐 수 없다. 매 편에 담겨진 삶의 지혜는 그 의미를 품고 시문학 예술의 한 획이 될 것이며, 새로운 관점의 "의미시"의 좋은 모델이라 말하고 싶다. 이러한 퇴색된 인간성 회복에 기여하는 샘물 같은 시를 더 많이 씀으로써 꺼져가는 지구촌의 등불이 되었으면 하는 바람을 전하며, 이만 졸필을 마무리 한다.

가끔은 깨닫는다

2024년 10월 2일 초판 1쇄 찍음
2024년 10월 10일 초판 1쇄 펴냄

지 은 이_ 신현우
펴낸사람_ 김은수
디 자 인_ 이윤정, 방윤제(표지)

펴 낸 곳_ 도서출판 은수
등록번호_ 515-2022-00006
주   소_ 경북 의성군 의성읍 동서1길 14
대표전화_ (054)832-6975
전자우편_ kes6156@hanmail.net

ⓒ신현우, 2024

* 지은이와 협의하여 인지는 생략합니다.
* 이 책 내용의 전부 또는 일부를 재 사용하려면 반드시 지은이와
  도서출판 은수 양측의 동의를 받아야 합니다.
* 책값은 뒷표지에 표시되어 있습니다.